*Série de livres illustrés classiques
sur les groupes ethniques du Yunnan*

L'origine des maisons en bambou Dai

Sunshine Orange Studio

Traduit par Agnès Belotel-Grenié

Books Beyond Boundaries

ROYAL COLLINS

L'origine des maisons en bambou Dai

Sunshine Orange Studio
Traduit par Agnès Belotel-Grenié

Première édition française 2023
Par le groupe Royal Collins Publishing Group Inc.
BKM Royalcollins Publishers Private Limited
www.royalcollins.com

Original Edition © Yunnan Education Publishing House Co., Ltd.
Groupe Publication Royal Collins Inc.
BKM Royalcollins Publishers Private Limited

Siège social : 550-555 boul. René-Lévesque O Montréal (Québec) H2Z1B1 Canada
Bureau indien : 805 Hemkunt House, 8th Floor, Rajendra Place, New Delhi 110 008

ISBN : 978-1-4878-1189-1

Autrefois, le peuple Dai ne vivait pas dans des maisons mais dans des grottes.

Il y avait une déesse qui était triste quand elle voyait son doux peuple Dai souffrir, c'est pourquoi elle a envoyé un homme sage nommé Payasangmudi pour devenir le chef du peuple Dai et l'aider à résoudre ce problème.

Payasangmudi était un grand sage ! Il a inventé de nombreux outils utiles et des objets de tous les jours, comme des outils agricoles tels que des houes et des charrues, ainsi que des objets de cuisine comme des bols, des pots et des baguettes, et leur a appris à faire de la poterie.

Sous la direction de Payasangmudi, la population du peuple Dai augmenta rapidement et bientôt les grottes ne furent plus assez grandes pour tout le monde. Payasangmudi se demanda : « Où pourrions-nous vivre autrement ? »

Un jour, qu'il se mit soudainement à pleuvoir, Payasangmudi vit comment les gens qui n'avaient pas le temps de courir pour s'abriter coupaient de grandes feuilles de bananier et les utilisaient pour se protéger de la pluie.

Cela donna une idée à Payasangmudi. Il utilisa des troncs
d'arbre pour faire un cadre et le recouvrit de feuilles de bananier
et de chaume pour faire une hutte à toit plat. Pour la tester,
Payasangmudi sortit de la grotte pour vivre dans la hutte.

Cependant, lorsque la pluie commença à tomber,
la hutte prit l'eau, ne laissant aucun endroit sec.
Payasangmudi n'eut d'autre choix que de retourner
dans la grotte.

Plus tard, alors que Payasangmudi était parti à la chasse, il fut à nouveau surpris par une forte pluie. Il s'abrita sous un arbre, avec son chien assis à côté de lui, la tête haute, les pattes avant droites et la queue au sol. Payasangmudi vit comment l'eau de pluie glissait sur le dos du chien.

Il se dit : « Si je faisais un toit en pente pour la hutte, est-ce que cela pourrait empêcher la pluie de pénétrer à l'intérieur ? »

Payasangmudi était sûr d'avoir résolu le problème, mais lorsqu'un jour un violent orage éclata, il comprit qu'il avait de nouveau échoué. Le vent souffla la pluie dans la hutte, et elle fut inondée une fois de plus.

La déesse fut profondément émue lorsqu'elle vit comment Payasangmudi continuait à construire des maisons, malgré ses échecs répétés. Elle décida d'aider Payasangmudi. Un jour de pluie, elle se transforma en un magnifique phénix et s'envola vers la Terre.

Le phénix se posa devant Payasangmudi, déploya ses larges et belles ailes et se redressa pour former la forme du caractère chinois « 介 » (jie). Mais Payasangmudi était toujours confus.

Le phénix dit : « Payasangmudi, regarde bien mes ailes. Regarde si elles peuvent protéger du vent et de la pluie. Maintenant, regarde mes pieds. Peuvent-ils soutenir un toit qui protège du vent et de la pluie ? »

    Payasangmudi joignit ses mains et salua le phénix. Il observa attentivement les ailes du phénix dressées, et comprit ce qu'elle essayait de lui dire.

    Payasangmudi commença immédiatement à construire une maison, en utilisant le plan de la déesse.

Alors que Payasangmudi terminait la construction du cadre, une forte rafale de vent fit tomber le cadre. Le pilier central le plus fort et le plus haut se brisa en son milieu.

Payasangmudi dut se rendre dans les montagnes pour trouver un nouveau pilier central. Il chercha partout, mais ne trouva pas le bon. Cette nuit-là, Payasangmudi resta éveillé, inquiet pour le pilier central.

À l'aube, il entendit un grand bruit venant du ciel. En
regardant autour de lui, il aperçut un tronc d'arbre
droit juste à l'extérieur de la grotte. Il avait trouvé
son pilier central. Payasangmudi savait que la déesse
l'avait aidé, il s'empressa donc de la remercier.

Payasangmudi commença à couper le tronc d'arbre pour
en faire un pilier central de la bonne taille. Mais lorsqu'il le
mit en terre, celui-ci commença rapidement à s'enfoncer.
Un trou sans fond apparut, avalant le pilier.

Il continua à tomber et à tomber jusqu'à ce qu'enfin, il tombe avec un grand boom dans le Palais du Roi Dragon au fond de l'océan. Le Roi Dragon qui savait que ce pilier n'appartenait pas à son palais, ordonna à ses sujets d'utiliser toute leur force pour déplacer le pilier et le rendre à Payasangmudi.

Payasangmudi demanda au Roi Dragon pourquoi le pilier continuait à couler. Le Roi Dragon répondit à Payasangmudi : « C'est un pilier qui coule. Il est paresseux. Si toi, un humain, tu l'utilises comme pilier central, il va couler. Si tu ne veux pas qu'il coule, tu dois utiliser les feuilles des arbres Dongdao et Dongmang comme base. Les feuilles des arbres Dongdao ont une force de soutien et les feuilles des arbres Dongmang peuvent tenir fermement la base. »

Payasangmudi alla dans les montagnes pour trouver les feuilles des arbres Dongdao et Dongmang. Il posa les deux sortes de feuilles sur le sol et le pilier central se tint fermement et ne s'enfonça pas. Payasangmudi construisit ensuite une solide charpente de maison en bambou, avec un pilier central.

Après de nombreux échecs, Payasangmudi construisit finalement une grande maison en bambou. La maison avait deux étages ; l'étage supérieur était utilisé pour protéger les gens de la pluie et l'étage inférieur était utilisé pour le bétail. Le toit était comme les ailes déployées du phénix, guidant la pluie sur les côtés, de sorte que les gens pouvaient vivre confortablement dans la maison.

Après avoir emménagé dans des maisons en bambou, les Dai n'oublièrent jamais Payasangmudi et le cadeau qu'il leur avait fait.